AF593072

CHARLOT,

OU

LA COMTESSE
DE GIVRI.

CHARLOT,

OU

LA COMTESSE *DE GIVRI.*

PIECE DRAMATIQUE,

*Représentée sur le Théatre de F***.*

Au mois de Septembre

1767.

A GENEVE.

Et se trouve

A PARIS,

Chez MERLIN, Libraire, rue de la Harpe, vis-à-vis la rue Poupée, à l'image Saint-Joseph.

M. DCC. LXVII.

PRÉFACE.

CETTE Pièce de ſociété n'a été faite que pour exercer les talens de pluſieurs perſonnes d'un rare mérite. Il y a un peu de chant & de danſe, du comique, du tragique, de la morale & de la plaiſanterie. Cette nouveauté n'a point du tout été deſtinée aux Théatres publics. C'eſt ainſi qu'aujourd'hui en Italie pluſieurs Académiciens s'amuſent à réciter des Pièces qui ne ſont jamais jouées par des Comédiens. Ce noble exercice s'eſt établi depuis long-tems en France, & même chez quelques-uns de nos Princes. Rien n'anime plus la ſociété, rien ne donne plus de grace au corps & à l'eſprit, ne forme plus le goût, ne rend les mœurs plus honnêtes, ne détourne plus de la fatale paſſion du jeu, & ne reſſerre plus les nœuds de l'amitié.

Cette Pièce a eu l'avantage d'être repréſentée par des gens de Lettres, qui, ſachant en faire de meilleures, ſe ſont prêtées à ce genre médiocre avec toute la bonté & tout le zèle dont cette médiocrité même avait beſoin.

Henri IV. eſt véritablement le héros de la Pièce; mais il avait déja paru dans la Partie de chaſſe repréſentée ſur le même théatre, & on n'a pas voulu imiter ce qu'on ne pouvait égaler.

PERSONNAGES.

LA COMTESSE DE GIVRI, veuve, toujours attachée au parti d'Henri IV.

JULIE, parente & pupile de la Comteſſe.

LE DUC DE BELLEGARDE.

LE MARQUIS DE GIVRI, jeune homme qui n'a pas profité de l'éducation qu'il a reçue.

CHARLOT, élevé dans le Château avec le Marquis, & qui a réuſſi à tout ce que le Marquis a négligé.

Madame AUBONNE, ancienne nourrice du Marquis, gouvernant la maiſon.

L'INTENDANT, bon & honnête homme, aimant à faire des contes.

BABET, jeune perſonne élevée dans le Château pour être auprès de la Comteſſe.

GUILLOT, fils d'un Fermier de la Terre.

Pluſieurs Domeſtiques.

La Scène eſt au Château de Givri.

CHARLOT,

OU

LA COMTESSE *DE GIVRI.*

ACTE PREMIER.

SCENE PREMIERE.

Le Théatre représente une grande Salle où des Domestiques portent & ôtent des meubles. L'Intendant de la maison est à une table, un courier en bottes à côté; Madame Aubonne coud, & Babet file à un rouet.

L'INTENDANT *écrivant.*

QUATORZE mille écus!... ce compte perce l'ame...
Ma foi, je ne sais plus comment fera Madame

Pour recevoir le Roi qui vient dans ce Château.

LE COURIER.

Faut-il attendre ?

L'INTENDANT.

Eh, oui.

BABET.

Que ce jour fera beau !
Madame Aubonne, ici nous le verrons paraître,
Ici, dans ce Château, ce grand Roi, ce bon maître !

Mad. AUBONNE *coufant.*

Il eft vrai.

BABET.

Mais cela devrait vous dérider ;
Je ne vous vois jamais que pleurer ou bouder.
Quand tout le monde rit, court, faute, danfe, chante,
Notre Bonne eft toujours dans fa mine dolente.

Mad. AUBONNE.

Quand on porte lunette, on rit peu, mes enfans ;
Ris tant que tu pourras, chaque chofe a fon tems.

LE COURIER.

Expédiez-moi donc.

L'INTENDANT.

La fête fera chère...
Mais pour ce Prince augufte on ne faurait trop faire.

LE COURIER.

Faites donc vîte.

Mad. AUBONNE.

Hélas ! j'eſpère d'aujourd'hui
Que Charlot, mon enfant, pourra ſervir ſous lui.

L'INTENDANT.

Le bon Prince !...

LE COURIER.

Allons donc.

L'INTENDANT.

La dernière campagne...
Il aſſiégeait, vous dis-je, une ville... en Champagne...

LE COURIER.

Dépêchez.

L'INTENDANT.

Il était, comme chacun le dit,
Le premier à cheval & le dernier au lit...

LE COURIER.

Quel bavard !

L'INTENDANT.

On avait, ſous peine de la vie,
Défendu qu'on portât à la ville inveſtie
Proviſion de bouche...

LE COURIER.

Aura-t-il bientôt fait ?

L'INTENDANT.

Trois jeunes payſans, par un chemin ſecret,
En ayant apporté s'étaient laiſſé ſurprendre ;
Leur procès était fait, & l'on allait les pendre.

(*Tous ceux qui ſont ſur la Scène s'approchent & tendent le cou pour entendre le conte. Une Servante qui balayait, écoute en s'appuyant le menton ſur le manche du balai.*)

Mad. AUBONNE *ſe levant.*

Les pauvres gens !

BABET.

Eh bien ?

LE COURIER.

Achevez donc.

L'INTENDANT *écrivant toujours.*

Le Roi...

Quatorze mille écus en ſix mois...

LE COURIER.

Sur ma foi

Je n'y puis plus tenir.

L'INTENDANT.

Je m'y perds, quand j'y penſe...

Le Roi les rencontra... ſon auguſte clémence...

(*Ici tous font un cercle autour de l'Intendant.*)

BABET.

Leur fit grace, ſans doute.

L'INTENDANT.

Hélas ! il fit bien plus :

Il leur diſtribua ce qu'il avait d'écus.

Le Béarnais, dit-il, eſt mal en équipage,

Et s'il en avait plus vous auriez davantage.

Tous ensemble.

Le bon Roi ! le grand Roi !

L'INTENDANT.

Ce n'est pas tout ; le pain
Manquait dans cette ville, on y mourait de faim,
Il la nourrit lui-même en l'assiégeant encore.

(*Il tire son mouchoir & s'essuye les yeux.*)

LE COURIER.

Vous me faites pleurer.

Mad. AUBONNE.

Je l'aime.

BABET.

Je l'adore !

L'INTENDANT.

Je me souviens aussi qu'en un jour solemnel
Un grave Ambassadeur... je ne sais plus lequel,
Vit sa jeune Noblesse admise à l'audience,
L'entourer, le presser, sans trop de bienséance :
Pardonnez, dit le Roi, ne vous étonnez pas,
Ils me pressent de même au milieu des combats.

LE COURIER.

Ça donne du desir d'entrer à son service.

BABET.

Oui, ça m'en donne aussi.

L'INTENDANT.

Qu'en dites-vous, Nourrice ?

Mad. AUBONNE *se remettant à coudre.*

Ah ! j'ai bien d'autres soins.

L'INTENDANT.

Je prétends aujourd'hui
Vous faire, en l'attendant, trente contes de lui.
Un ſoir, près d'un Couvent...

LE COURIER.

Mais donnez donc la lettre.

L'INTENDANT.

C'eſt bien dit : la voilà... Tu pourras la remettre
Au premier des Fourriers que tu rencontreras,
Tu partiras en hâte, en hâte reviendras ;
Madame de Givri veut ſavoir à quelle heure
Il veut de ſa préſence honorer ſa demeure...
Quatorze mille écus !... & cela clair & net...
On en doit la moitié... Va vîte.

LE COURIER.

Adieu, Babet.
(*Il ſort.*)

BABET *filant.*

La nourrice toujours dans ſon chagrin perſiſte !
Contez-lui quelque conte.

L'INTENDANT.

On voit ce qui l'attriſte ;
Notre jeune Marquis, que la Bonne a nourri,
Eſt un franc garnement, & j'en ſuis bien marri.

Mad. AUBONNE.

Je le ſuis plus que vous.

L'INTENDANT.

Votre fils, au contraire,

Reſpectueux, poli, cherche toujours à plaire.

BABET.

Charlot eſt, je l'avoue, un fort joli garçon.

Mad. AUBONNE.

Notre Marquis pourra ſe corriger.

L'INTENDANT.

Oh! non,

Il n'a point d'amitié, le mal eſt ſans remède.

Mad. AUBONNE.

A l'éducation tout tempérament cède.

L'INTENDANT.

Les vices de l'eſprit peuvent ſe corriger :
Quand le cœur eſt mauvais, rien ne peut le changer.

SCENE II.

Les Acteurs précédens, GUILLOT.

GUILLOT *accourant.*

AH! le méchant Marquis! comme il eſt malhonnête!

Mad. AUBONNE.

Eh bien, de quoi viens-tu nous étourdir la tête?

GUILLOT.

De deux larges ſoufflets dont il m'a fait préſent.
C'eſt le ſeul qu'il m'ait fait, du-moins juſqu'à préſent.

Paſſe encor pour un ſeul , mais deux !

BABET.

Bon ! c'eſt de joie
Qu'il t'aura ſouffleté. Tout le monde eſt en proie
A des tranſports ſi grands, en attendant le Roi ,
Qu'on ne ſait où l'on frappe.

Mad. AUBONNE.

Allons, conſole-toi.

L'INTENDANT *écrivant.*

La choſe eſt mal pourtant... Madame la Comteſſe
N'entend pas que l'on faſſe une telle careſſe
A ſes gens ; & Guillot eſt le fils d'un Fermier ,
Homme de bien.

GUILLOT.

Sans doute.

L'INTENDANT.

Et fort lent à payer.

GUILLOT.

Ça peut être.

L'INTENDANT.

Guillot eſt d'un bon caractère.

GUILLOT.

Oui.

L'INTENDANT.

C'eſt un innocent.

GUILLOT.

Pas tant.

BABET.

Qu'as-tu pu faire

Pour acquérir ainsi deux soufflets du Marquis ?

GUILLOT.

Il est jaloux, il t'aime.

BABET.

Est-il bien vrai ?... Tu dis
Que je plais à Monsieur ?

GUILLOT.

Oh ! tu ne lui plais guère ;
Mais il t'aime en passant, quand il n'a rien à faire.
Je dois, comme tu sais, épouser tes attraits,
Et pour présent de noce il donne des soufflets.

BABET.

Monsieur m'aimerait donc ?

Mad. AUBONNE.

Quelle sotte folie !
Le Marquis est promis à la belle Julie,
Cousine de Madame, & qui, dans la maison,
Est un modèle heureux de beauté, de raison,
Que j'élevai long-tems, que je formai moi-même ;
C'est pour lui qu'on la garde, & c'est elle qu'il aime.

GUILLOT.

Oh bien, il en veut donc avoir deux à la fois.
Ces jeunes grands Seigneurs ont de terribles droits ;
Tout doit être pour eux, femmes de Cour, de Ville,
Et de Village encor. Ils en ont une file ;
Ils vous écrèment tout, & jamais n'aiment rien.
Qu'ils me laissent Babet : parbleu, chacun le sien.

BABET.

Tu m'aimes donc vraiment ?

GUILLOT.

Oui, de tout mon courage.
Je t'aime tant, vois-tu, que quand ſur mon paſſage
Je vois paſſer Charlot, ce garçon ſi bien fait,
Quand je vois ce Charlot regardé par Babet,
Je rendrais, ſi j'oſais, à ſon joli viſage
Les deux peſans ſoufflets que j'ai reçus en gage.

Mad. AUBONNE.

Des ſoufflets à mon fils ?

GUILLOT.

Eh !... j'entends, ſi j'oſais...
Mais Charlot m'en impoſe, & je n'oſe jamais.

L'INTENDANT.

Non, je ne pourrai plus ſuffire à la dépenſe.
Ah ! tous les grands Seigneurs ſe ruinent en France.
Il faut couper des bois, emprunter chèrement,
Et l'on s'en prend toujours à Monſieur l'Intendant.
Çà, je vous diſais donc qu'auprès d'une Abbaye,
Une vieille Baronne & ſa fille jolie
Apperçurent le Roi qui venait tout courant.
Le Duc de Bellegarde était ſon confident ;
C'eſt un brave Seigneur, & que par-tout on vante.
Madame la Comteſſe eſt ſa proche parente,
De notre belle fête il ſera l'ornement.

SCENE III.

Les Acteurs précédens, LE MARQUIS.

(*Tous se lèvent.*)

LE MARQUIS.

MOn vieux faiseur de contes, il me faut de l'argent.
Bonjour, belle Babet, bonjour, ma vieille bonne.
(*A Guillot.*)
Ah ! te voilà, Maraut ; si jamais ta personne
S'approche de Babet, & sur-tout moi présent,
Pour te mieux corriger je t'assomme à l'instant.

GUILLOT.

Quel diable de Marquis !

LE MARQUIS.

Va, détale.

BABET.

Eh, de grace,
Un peu moins de colère, un peu moins de menace.
Que vous a fait Guillot ?

Mad. AUBONNE.

Tant de brutalité
Sied horriblement mal aux gens de qualité.
Je vous l'ai dit cent fois..... mais vous n'en tenez compte ;

Vous me faites mourir de douleur & de honte.

LE MARQUIS.

Allez, vous radotez... Monſieur Rente, à l'inſtant
Qu'on me faſſe compter ſix cens écus comptant.

L'INTENDANT.

Je n'en ai point, Monſieur.

LE MARQUIS.

Ayez-en, je vous prie ;
Il m'en faut pour mes chiens & pour mon écurie,
Pour mes chevaux de chaſſe, & pour d'autres plaiſirs ;
J'ai très-peu d'écus d'or, & beaucoup de deſirs.
Monſieur mon tréſorier, débourſez, le tems preſſe.

L'INTENDANT.

A peine émancipé, vous épuiſez ma caiſſe.
Quel tems prenez-vous là ? Quoi ! dans le même jour
Où le Roi vient chez vous avec toute ſa Cour !
Songez-vous bien aux frais où tout nous précipite ?

LE MARQUIS.

Je me paſſerais fort d'une telle viſite.
Mon petit Précepteur, que l'on vient d'éloigner,
M'avait dit que ma mère allait me ruiner ;
Je vois qu'il a raiſon.

Mad. AUBONNE.

Fi ! quel diſcours infâme !
Soyez plus généreux, reſpectez plus Madame.
Je ne m'attendais pas, quand je vous allaitai,
Que

Que vous auriez un cœur si plein de dureté.

LE MARQUIS.

Vous m'ennuyez.

Mad. AUBONNE *pleurant.*

L'ingrat !

GUILLOT *dans un coin.*

Il a l'ame bien dure,
Les mains aussi.

BABET.

Toujours il nous fait quelque injure.
Vous n'aimez point le Roi ! vous, méchant !

LE MARQUIS.

Eh, si fait.

BABET.

Non, vous ne l'aimez pas.

LE MARQUIS.

Si, te dis-je, Babet.
Je l'aime... comme il aime... assez peu, c'est l'usage.
Mais je t'aime bien plus.

L'INTENDANT *écrivant.*

Et l'argent davantage.

LE MARQUIS.

(*A Guillot qui est dans un coin.*)

Donnez-m'en donc bien vîte... Ah ! ah ! je t'apperçoi ;
Attends-moi, malheureux.

SCENE IV.

Les Acteurs précédens, LA COMTESSE.

LA COMTESSE.

EH ! qu'est-ce que je voi !
Je le cherche par-tout. Que ses mœurs sont rustiques !
Je le trouve toujours parmi des domestiques.
Il se plaît avec eux, il m'abandonne.

Mad. AUBONNE.

Hélas !
Nous l'envoyons à vous, mais il n'écoute pas.
Il me traite bien mal.

LA COMTESSE.

Consolez-vous, Nourrice ;
Mon cœur en tous les tems vous a rendu justice,
Et mon fils vous la doit : on pourra l'attendrir.

Mad. AUBONNE.

Ah ! vous ne savez pas ce qu'il me fait souffrir.

LA COMTESSE.

Je sais qu'en son berceau, dans une maladie,
Etant cru mort long-tems vous sauvâtes sa vie.
Il en doit à jamais garder le souvenir.
S'il ne vous aimait pas, qui pourrait-il chérir ?
Laissez-moi lui parler.

Mad. AUBONNE.

Dieu veuille que Madame
Par ſes ſoins maternels amolliſſe ſon ame !

LE MARQUIS.

Que de contrainte !

LA COMTESSE *à l'Intendant.*

Et vous, tout eſt-il préparé ?
Vous ſavez de vos ſoins combien je vous ſais gré.

L'INTENDANT.

Madame, tout eſt prêt : mais la dépenſe eſt forte ;
Cela pourra monter tout au moins... à...

LA COMTESSE.

Qu'importe !
Le cœur ne compte point ; & rien ne doit couter,
Lorſque le grand Henri daigne nous viſiter.

(*A ſes gens.*)

Laiſſez-moi, je vous prie.

SCENE V.

LA COMTESSE, LE MARQUIS.

LA COMTESSE.

IL eſt tems qu'une mère,
Que vous écoutez peu, mais qui ne doit rien taire,
Dans l'âge où vous entrez, ſans plainte & ſans rigueur,

Parle à votre raiſon & ſonde votre cœur.
Je veux bien oublier que depuis votre enfance
Vous avez repouſſé ma tendre complaiſance ;
Que vos maîtres divers & votre précepteur,
Par leurs ſoins vigilans révoltant votre humeur,
Vous préſentant à tout n'ont pu rien vous apprendre :
Tandis qu'à leurs leçons empreſſé de ſe rendre
Le fils de la nourrice, à qui vous inſultiez,
Apprenait aiſément ce que vous négligiez,
Et que Charlot, toujours prompt à me ſatisfaire,
Faiſait aſſidûment ce que vous deviez faire.

LE MARQUIS.

Vous l'oubliez, Madame, & m'en parlez ſouvent.
Charlot eſt, je l'avoue, un héros fort ſçavant.
Je conſens pleinement que Charlot étudie,
Que Guillot aille auſſi dans quelque Académie.
La doctrine eſt pour eux & non pour ma maiſon,
Je hais fort le latin, il déroge à mon nom ;
Et l'on a vu ſouvent, quoi qu'on en puiſſe dire,
De très-bons Officiers qui ne ſavaient pas lire.

LA COMTESSE.

S'ils l'avaient ſu, mon fils, ils en ſeraient meilleurs.
J'en ai connu beaucoup qui poliſſant leurs mœurs,
Des beaux arts avec fruit ont fait un noble uſage.
Un eſprit cultivé ne nuit point au courage.
Je ſuis loin d'exiger qu'aux loix de ſon devoir
Un Officier ajoute un triſte & vain ſavoir ;

Mais ſachez que ce Roi, qu'on admire & qu'on aime,
A l'eſprit très-orné.

LE MARQUIS.

Je ne ſuis pas de même.

LA COMTESSE.

Songez à le ſervir à la guerre, à la Cour.

LE MARQUIS.

Oui, j'y ſonge.

LA COMTESSE.

Il faudra que dans cet heureux jour
De ſa royale main ſa bonté ratifie
Le contrat qui vous doit engager à Julie.
Elle eſt votre parente, & doit plaire à vos yeux,
Aimable, jeune, riche.

LE MARQUIS.

Elle eſt riche? tant mieux.
Marions-nous bientôt.

LA COMTESSE.

Se peut-il, à votre âge,
Que du ſeul intérêt vous parliez le langage!

LE MARQUIS.

Oh! j'aime auſſi Julie, elle a bien des appas:
Elle me plaît beaucoup, mais je ne lui plais pas.

LA COMTESSE.

Ah! mon fils, apprenez du moins à vous connaître.
Vos diſcours, votre ton la révoltent peut-être;
On ne réuſſit point ſans un peu d'art flatteur,

Et la grossiéreté ne gagne point un cœur.

LE MARQUIS.

Je suis fort naturel.

LA COMTESSE.

Oui, mais soyez aimable.
Cette pure nature est fort insupportable.
Vos pareils sont polis; pourquoi? c'est qu'ils ont eu
Cette éducation qui tient lieu de vertu.
Leur ame en est empreinte; & si cet avantage
N'est pas la vertu même, il est sa noble image.
Il faut plaire à sa femme, il faut plaire à son Roi,
S'oublier prudemment, n'être point tout à soi;
Dompter cette humeur brusque où le penchant vous livre.
Pour vivre heureux, mon fils, que faut-il? savoir vivre.

LE MARQUIS.

Pour le Roi, nous verrons comme je m'y prendrai;
Julie est autre chose, elle est fort à mon gré.
Mais je ne puis souffrir, s'il faut que je le dise,
Que le sçavant Charlot la suive & la courtise.
Il lui fait des chansons.

LA COMTESSE.

Vous vous moquez de nous;
Votre frère de lait vous rendrait-il jaloux?

LE MARQUIS.

Oui, je ne cache point que je suis en colère
Contre tous ces gens-là qui cherchent tant à plaire.

Je n'aime point Charlot ; on l'aime trop ici.

LA COMTESSE.

Auriez-vous bien le cœur à ce point endurci ?
Cela ne se peut pas. Ce jeune homme estimable
Peut-il par son mérite être envers vous coupable ?
Je dois tout à sa mère, oui, je lui dois mon fils.
Aimez un peu le sien ; du même lait nourris,
L'un doit protéger l'autre. Ayez de l'indulgence,
Ayez de l'amitié, de la reconnoissance.
Si vous étiez ingrat, que pourrais-je espérer ?
Pour ne vous point haïr, il faudrait expirer.

LE MARQUIS.

Ah ! vous m'attendrissez ! Madame, je vous jure
De respecter toujours mon devoir, la nature,
Vos sentimens.

LA COMTESSE.

Mon fils, j'aurais voulu de vous
Avec tant de respect un mot encor plus doux.

LE MARQUIS.

Oui, le respect s'unit à l'amour qui me touche.

LA COMTESSE.

Dites-le donc du cœur ainsi que de la bouche.

SCENE VI.

LA COMTESSE, LE MARQUIS, CHARLOT.

LA COMTESSE.

VEnez, mon bon Charlot: le Marquis m'a promis
Qu'il ſerait déſormais de vos meilleurs amis.

LE MARQUIS *ſe détournant.*

Je n'ai point promis ça.

LA COMTESSE.

Ce grand jour d'allégreſſe
Ne pourra plus laiſſer de place à la triſteſſe.
Où donc eſt votre mère ?

CHARLOT.

Elle pleure toujours;
Et j'implore pour moi votre puiſſant ſecours,
Votre protection, vos bontés toujours chères,
Et ce cœur digne en tout de ſes auguſtes pères.
Madame, vous ſavez qu'à Monſieur votre fils
Sans me plaindre un moment je fus toujours ſoumis.
Vivre à vos pieds, Madame, eſt ma plus forte envie.
Le Héros des Français, l'appui de ſa patrie,
Le Roi des cœurs bien nés; le Roi qui des Ligueurs
A par tant de vertus confondu les fureurs :
Il vient chez vous, il vient dans vos belles retraites,
Et ce n'eſt que pour lui que des lieux où vous êtes,

Mon ame en gémissant se pourrait arracher.
La fortune n'est pas ce que je veux chercher.
Pardonnez mon audace, excusez mon jeune âge.
On m'a si fort vanté sa bonté, son courage,
Que mon cœur tout de feu porte envie aujourd'hui
A ces heureux Français qui combattent sous lui.
Je ne veux point agir en Soldat mercénaire,
Je veux auprès du Roi servir en Volontaire,
Hasarder tout mon sang ; sûr que je trouverai
Auprès de vous, Madame, un asyle assuré.
Daignez-vous approuver le parti que j'embrasse ?

LA COMTESSE.

Va, j'en ferais autant si j'étais à ta place.
Mon fils sans doute aura, pour servir sous sa loi,
Autant d'empressement & de zèle que toi.

LE MARQUIS.

Eh ! mon Dieu, oui ... Faut-il toujours qu'on me compare
A notre ami Charlot ! l'accollade est bizarre.

LA COMTESSE.

Aimez-le, mon cher fils ; que tout soit oublié.
Çà, donnez-lui la main pour marque d'amitié.

LE MARQUIS.

Eh bien, la voilà... mais...

LA COMTESSE.

Point de mais.

CHARLOT *prend la main du Marquis & la baise.*

Je révère

J'ose chérir en vous Madame votre mère.
Jamais de mon devoir je n'ai trahi la voix,
Je vous rendrai toujours tout ce que je vous dois.

LE MARQUIS.

Va... je suis très-content.

LA COMTESSE.

Son bon cœur se déclare,
Le mien s'épanouit... Quel bruit, quel tintamarre !

SCENE VII.

Les Acteurs précédens. Plusieurs Domestiques en livrée & d'autres gens entrent en foule. Guillot & Babet sont des premiers. Julie, la Nourrice sont dans le fond & arrivent plus lentement.

GUILLOT *accourant.*

LE Roi vient.

Tous ensemble.

C'est le Roi !

GUILLOT.

C'est le Roi, c'est le Roi !

BABET.

C'est le Roi ! je l'ai vu tout comme je vous voi.
Il était encor loin, mais il a bonne mine.

GUILLOT.

Donne-t-il des soufflets ?

LA COMTESSE.

A peine j'imagine
Qu'il arrive si-tôt, c'est ce soir qu'on l'attend.
Mais sa bonté prévient ce bienheureux instant.
Allons tous.

JULIE.

Je vous suis... Je rougis. Ma toilette
M'a trop long-tems tenue, & n'est pas encor faite.
Est-ce bien déja lui ?

GUILLOT.

Ne le voyez-vous pas
Qui vers la basse-cour avance avec fracas.

BABET.

Il est très-beau... c'est lui. Les filles du village
Trottent toutes en foule, & font sur son passage.
J'y vais aussi, j'y vole.

(*Elle va & vient sur le théatre.*)

LA COMTESSE.

Oh ! je n'entends plus rien.

JULIE.

Ce n'est pas lui.

BABET.

C'est lui.

GUILLOT.

Je m'y connais fort bien;
Tout le monde m'a dit, c'eſt lui : la choſe eſt claire.

L'INTENDANT *arrivant à pas comptés.*

Ils ſe ſont tous trompés ſelon leur ordinaire;
Madame, un poſtillon que j'avais fait partir
Pour s'informer au juſte & pour vous avertir,
Vous ramenait en hâte une troupe altérée,
Moitié déguenillée & moitié ſurdorée,
D'excellens pâtiſſiers, d'acteurs Italiens,
Et de danſeurs de corde & de magiciens,
Des flûtes, des hautbois, des cors & des trompettes,
Des faiſeurs d'acroſtiche & de marionnettes.
Tout le monde a crié le Roi ſur les chemins,
On le crie au village & chez tous les voiſins;
Dans votre baſſe-cour on s'obſtine à le croire,
Et voilà juſtement comme on écrit l'hiſtoire.

GUILLOT.

Nous voilà tous bien ſots.

LA COMTESSE.

Mais, quand vient-il?

L'INTENDANT.

Ce ſoir.

LA COMTESSE.

Nous aurons tout le tems de le bien recevoir.
Mon fils, donnez la main à la belle Julie.
Bonjour, Charlot.

LE MARQUIS.

Mon Dieu! que ce Charlot m'ennuye!
(*Ils ſortent. La Comteſſe reſte avec Mad. Aubonne.*)

LA COMTESSE.

Viens, ma chère Nourrice, & ne ſoupire plus.
A bien placer ton fils mes vœux ſont réſolus.
Il ſervira le Roi, je ferai ſa fortune.
Je veux que cette joie à nous deux ſoit commune:
Je voudrais contenter tout ce qui m'appartient,
Vous rendre tous heureux; c'eſt là ce qui ſoutient,
C'eſt là ce qui conſole, & qui charme la vie.

Mad. AUBONNE.

Vous me rendez confuſe, & mon ame attendrie
Devrait mériter mieux vos extrêmes bontés.

LA COMTESSE.

Qui donc en eſt plus digne?

Mad. AUBONNE *triſtement.*

Ah!...

LA COMTESSE.

Nos félicités

S'altèrent du chagrin que tu montres ſans ceſſe.

Mad. AUBONNE.

Ce beau jour, il eſt vrai, doit bannir la triſteſſe.

LA COMTESSE.

Va, fais danſer nos gens avec les violons.
Ton fils nous aidera.

Mad. AUBONNE.

Mon fils !... Madame !... Allons.

Fin du premier Acte.

ACTE II.

SCENE PREMIERE.

JULIE, Mad. AUBONNE, CHARLOT *au fond.*

JULIE.

Enfin je le verrai ce charmant Henri-Quatre,
Ce Roi brave & clément qui sait plaire & combattre ;
Qui conquit à la fois son Royaume & nos cœurs,
Pour qui Mars & l'Amour n'eurent point de rigueurs,
Et qui sait triompher, si j'en crois les nouvelles,
Des Ligueurs, des Romains, des Héros & des Belles.

CHARLOT.

Elle aime ce grand homme, elle est tout comme moi.

JULIE.

Lisette à me parer a réussi, je croi ;
Comment me trouvez-vous ?

Mad. AUBONNE.

Très-belle & très-bien mise.
Vous seriez peu fâchée (excusez ma franchise)

D'essayer tant d'appas, & d'arrêter les yeux
D'un héros couronné, par-tout victorieux.

JULIE.

Oui, ses yeux seulement... il a le cœur fort tendre;
On me l'a dit du-moins : je n'y veux point prétendre.
Je ne veux avoir l'air ni prude ni coquet...
Eh, mon Dieu ! j'apperçois qu'il me manque un bouquet.

CHARLOT.

(*Il sort.*)

Un bouquet ! Allons vîte.

Mad. AUBONNE.

Eh bien, belle Julie,
Ce grand Prince ici même aujourd'hui vous marie.
Il signera du-moins le contrat projetté
Qui sera par Madame avec vous présenté.
Vous semblez n'y penser qu'avec indifférence,
Et je crois entrevoir un peu de répugnance.

JULIE.

Hélas ! comment veut-on que mon cœur soit touché ?
Qu'il se donne à celui qui ne l'a point cherché ?
Par la digne Comtesse en ces murs élevée,
Conduite par vos soins, à son fils réservée,
Je n'ai jamais dans lui trouvé jusqu'à ce jour
Le moindre sentiment qui ressemble à l'amour.
Il n'a jamais montré ces douces complaisances

Qui

Qui d'un peu de tendresse auraient les apparences.
Il est sombre, il est dur, il me doit alarmer;
Il sait être jaloux, & ne sait point aimer.
J'aime avec passion sa vertueuse mère.
Le fils me fait trembler : quel triste caractère!
Ses airs & son ton brusque, & sa grossiereté
Affligent vivement ma sensibilité.
D'un noir pressentiment je ne puis me défendre.
La nature me fit une ame honnête & tendre;
J'aurais voulu chérir mon mari.

Mad. AUBONNE.

Parlez net,
Développez un cœur qui se cache à regret;
Le Marquis est haï.

JULIE.

Tout autant qu'haïssable.
C'est une aversion qui n'est pas surmontable.
A sa mère, après tout, je ne puis l'avouer.
De quinze ans de bontés je dois trop me louer.
Je percerais son cœur d'une atteinte cruelle,
Je ne puis la tromper, ni m'ouvrir avec elle.
Voilà mes sentimens, mes chagrins & mes vœux.

Mad. AUBONNE.

Ce mariage là fera des malheureux.
Ah! comment nous tirer du fond du précipice!

JULIE.

Et moi, que devenir? comment faire, Nourrice?
Tu ne me réponds point, tu rêves tristement;

Ma chère Aubonne !

Mad. AUBONNE.

Eh bien ?

JULIE.

Pourrais-tu prudemment
Engager la Comteſſe à différer la choſe ?
Tu ſais la gouverner, ton avis en impoſe ;
Par tes diſcours flatteurs tu pourrais l'amener
A me laiſſer le tems de me déterminer...
Mais réponds donc.

Mad. AUBONNE.

Hélas !... Oui, ma belle Julie...
Votre demande eſt juſte... elle ſera remplie.

SCENE II.

JULIE, Mad. AUBONNE, CHARLOT.

CHARLOT.

MAdame, j'ai trouvé chez vous votre bouquet.

JULIE.

Ce n'eſt point là le mien... Le vôtre eſt bien mieux fait,
Mieux choiſi, plus brillant... Que votre fils, ma bonne,
Eſt galant & poli !... Tous les jours il m'étonne.
Eſt-il vrai qu'il nous quitte ?

Mad. AUBONNE.

Il veut fervir le Roi.

JULIE.

Nous le regretterons.

CHARLOT.

Je fais ce que je doi.
Il m'eût été bien doux de confacrer ma vie
A fervir dignement la divine Julie.
Heureux ! qui recherchant la gloire & le danger ;
Entre un héros & vous pourrait fe partager !
Heureux ! à qui l'éclat d'une illuftre naiffance
A permis de nourrir cette noble efpérance !
Pour moi qu'aux derniers rangs le fort veut captiver,
Vers la gloire, de loin, fi je peux m'élever,
Si quelque occafion, quelque heureux avantage
Peut jamais pour mon Prince exercer mon courage ;
De vous, de vos bontés je voudrais obtenir
Pour prix de tout mon fang un léger fouvenir.

JULIE.

Ah ! je me fouviendrai de vous toute ma vie !
Élevée avec vous, moi que je vous oublie !
Mais vous ne quittez point la maifon pour jamais.
Madame la Comteffe & fes dignes bienfaits,
Une très-bonne mère, &, s'il le faut, moi-même ;
Tout vous doit rappeller : tout le Château vous aime.
Ma bonne, ordonnez-lui de revenir fouvent.

Mad. AUBONNE *soupirant.*

Je ne souffrirai pas un long éloignement.

CHARLOT.

Ah, ma mère ! à mon cœur il manque l'éloquence !
Peignez-lui les transports de ma reconnoissance !
Faites-moi mieux parler que je ne puis...

JULIE.

Charlot...

Non... Monsieur.... mon ami.... ma mère.... que ce mot
De Charlot... convient mal... à toute sa personne !

Mad. AUBONNE.

Oh ! les mots n'y font rien... Mais vous êtes trop bonne.

JULIE.

Charlot... ma bonne...

Mad. AUBONNE.

Eh quoi ?

JULIE.

D'où vient que votre fils
Est différent en tout de Monsieur le Marquis ?
L'art n'a rien pu sur l'un, dans l'autre la nature
Semble avoir prodigué tous ses dons sans mesure.

Mad. AUBONNE.

Vous le flattez beaucoup.

JULIE.

Le Roi vient aujourd'hui,
Je dois avoir l'honneur de danser avec lui ;

(*A Charlot.*)

Je voudrais répéter... Vous danſez comme un ange.

CHARLOT.

Je ne mérite pas...

JULIE.

Cela n'eſt point étrange ;

Vous avez réuſſi dans les jeux, dans les arts
Qui de nos Courtiſans attirent les regards ;
Les armes, le deſſein, la danſe, la muſique,
Enfin dans toute étude où votre eſprit s'applique ;
Et c'eſt pour votre mère un plaiſir bien parfait.
Je cherche à m'affermir dans le pas du menuet...
Et je danſerai mieux vous ayant pour modèle.

CHARLOT.

Ah ! vous ſeule en ſervez... Mais le reſpect, le zèle
Me forcent d'obéir... Il faut un violon.
Je cours en chercher un, s'il vous plaît.

JULIE.

Mon Dieu, non.

Vous chantez à merveille, & votre voix, je penſe,
Bien mieux qu'un violon marquera la cadence.
Aſſeyez-vous, ma mère, & voyez votre fils.

Mad. AUBONNE.

De tout ce que je vois mon cœur n'eſt point ſurpris.

(*Elle s'aſſied. Ils danſent, & Charlot chante. Il commence par des* tarala lara.)

Elle donne des loix
Aux bergers, aux Rois,

A ſon choix.
Elle donne des loix
Aux bergers, aux Rois;
Qui pourrait l'approcher,
Sans chercher
Le danger?
On meurt à ſes yeux ſans eſpoir,
On meurt de ne les plus voir.
Elle donne des loix
Aux bergers, aux Rois.

JULIE *après avoir danſé un ſeul Couplet.*

Vous êtes donc l'auteur de la Chanſon?

CHARLOT.

Madame,
C'eſt un faible portrait d'une timide flamme.
Les vers étaient à l'air aſſez mal ajuſtés;
Par votre goût, ſans doute, ils ſeront rejettés.

JULIE.

Ils n'offenſent perſonne... ils ne peuvent déplaire;
Ils ne peuvent ſur-tout exciter ma colère...
Ils ne ſont pas pour moi.

CHARLOT.

Pour vous!... Je n'oſerais
Perdre ainſi le reſpect... profaner vos attraits.

JULIE.

Une ſeconde fois je puis donc les entendre.
Achevons la leçon que de vous je veux prendre.

Mad. AUBONNE.

Ils me font tous les deux un extrême plaisir.
Je voudrais que Madame en pût aussi jouir.

(*Julie recommence à danser avec Charlot qui répète l'air.*)

Elle donne des loix
Aux bergers, aux Rois.

(*Ils dansent la reprise.*)

Vous seule ornez ces lieux.
Des Rois & des Dieux
Le maître est dans vos beaux yeux.
Ah! si de votre cœur
Il était vainqueur;
Quel bonheur!
Tout parle en ce beau jour
D'amour.
Un Roi brave & galant,
Charmant,
Partage avec vous
L'heureux pouvoir de régner sur nous.

Elle donne des loix
Aux bergers, aux Rois, *&c.*

. . . .

On meurt de ne les plus voir!

SCENE III.

Le Marquis entre & les voit danser. Mad. Aubonne est assise & cout.

LE MARQUIS.

MEurt de ne les plus voir !..... Notre belle héritière,
Avec Monsieur Charlot vous êtes familière ;
Vous dansez aux chansons dans un coin du logis !

CHARLOT.

Pourquoi non ?

JULIE.

Mais je crois qu'il m'est assez permis
De prendre, quand je veux, devant Madame Aubonne,
Pour danser un menuet la leçon qu'il me donne.

LE MARQUIS.

Il donne des leçons ! vraiment il en a l'air.
Profitez-vous beaucoup, & les payez-vous cher ?

JULIE.

J'en dois avoir, Monsieur, de la reconnoissance.
Si vous êtes fâché de cette préférence,
Si mon petit menuet vous cause quelque ennui,
Que n'avez-vous appris à danser comme lui ?

LE MARQUIS.

Ouais !

CHARLOT.

Modérez, Monſieur, votre injuſte colère.
Vous aviez aſſuré votre adorable mère
Que d'un peu d'amitié vous vouliez m'honorer ;
Mon cœur la méritait, il l'oſait eſpérer.
(*Montrant Julie.*)
Ce noble & digne objet, reſpectable à vous-même,
M'a chargé dans ces lieux de ſon ordre ſuprême ;
Ses ordres ſont ſacrés, chacun doit les remplir :
En la ſervant, Monſieur, j'ai cru vous obéir.

Mad. AUBONNE.

C'eſt très-bien ripoſté ; Charlot doit le confondre.

LE MARQUIS.

Quand ce drôle a parlé, je ne ſais que répondre.
Ecoute, mon garçon, je te défends * ... à toi,
De montrer, quand j'y ſuis, de l'eſprit plus que moi.

Mad. AUBONNE.

Quelle idée !

JULIE.

Eh comment faudra-t-il donc qu'il faſſe ?

LE MARQUIS.

Il m'offuſque toujours... tant d'inſolence laſſe.
Je ne le puis ſouffrir près de vous... En un mot,
Je n'aime point du tout qu'on danſe avec Charlot.

* Charlot le regarde fixement.

JULIE.

Ma bonne, à quel mari je me verrais livrée !...
Allez, votre colère eſt trop prématurée.
Je n'ai point de reproche à recevoir de vous,
Et je n'aurai jamais un tyran pour époux.

Mad. AUBONNE.

Eh bien, vous méritez une telle algarade.
Vous vous faites haïr... Monſieur, prenez-y garde;
Vous n'êtes ni poli, ni bon, ni circonſpect,
Vous deviez à Julie un peu plus de reſpect,
Plus d'égards à Charlot, à moi plus de tendreſſe ;
Mais...

LE MARQUIS.

Quoi ! toujours Charlot !.... Que tout cela me bleſſe !...
Sortez, & devant moi ne paraiſſez jamais.

JULIE.

Mais, Monſieur...

LE MARQUIS *menaçant Charlot.*

Si...

CHARLOT.

Quoi ? ſi...

Mad. AUBONNE *ſe jettant entr'eux deux.*

Mes enfans, paix, paix, paix.
Eh, mon Dieu ! je crains tout.

LE MARQUIS.

Sors d'ici tout-à-l'heure ;
Je te l'ordonne.

JULIE.

Et moi, j'ordonne qu'il demeure.

CHARLOT.

A tous les deux, Monſieur, je ſais ce que je doi ;

(*Regardant Julie.*)

Mais enfin, j'ai fait vœu de ſuivre en tout ſa loi.

LE MARQUIS.

Ah ! c'en eſt trop, faquin !

CHARLOT.

C'en eſt trop, je l'avoue ;
Et ſur votre alphabet je doute qu'on vous loue.
Il paraît que le lait dont vous fûtes nourri
Dans votre noble ſang s'eſt un peu trop aigri.
De vos expreſſions j'ai l'ame un peu frapée.
A mon côté, Monſieur, ſi j'avais une épée,
Je crois que vous ſeriez aſſez ſage, aſſez grand
Pour m'épargner peut-être un ſi doux compliment.

LE MARQUIS.

Quoi ! miſérable !...

JULIE.

Encor !

Mad. AUBONNE.

Allez, mon fils, de grace
Ne l'effarouchez point, & quittez-lui la place.
Tout ira bien ; cédez, quoique très-offenſé.

CHARLOT.

Ma mère... j'obéis... mais j'ai le cœur percé.

(*Il ſort.*)

Mad. AUBONNE.

Ah ! c'en eſt fait ; mon ſang ſe glace dans mes veines.

JULIE.

Mon ſang, ma chère amie, eſt bouillant dans les miennes.

LE MARQUIS.

Dans ce nouveau combat du froid avec le chaud,
Me retirer en hâte eſt, je crois, ce qu'il faut.
Je n'aurais pas beau jeu. C'eſt une étrange affaire
De combattre à la fois deux femmes en colère.

(*Il ſort.*)

SCENE IV.

JULIE, Mad. AUBONNE.

Mad. AUBONNE.

NOn, vous n'aurez jamais ce brutal de Marquis...
Ces nœuds infortunés ſont trop mal aſſortis.

JULIE.

Quoi ! tu me ſerviras ?

Mad. AUBONNE.

Je réponds que ſa mère
Briſera ce lien qui doit trop vous déplaire...
M'y voilà réſolue.

JULIE.

Ah ! que je te devrai !

Mad. AUBONNE.

O fortune ! ô destin ! que tout change à ton gré !...
Du public cependant respectons l'allégresse.
Trop de monde à présent entoure la Comtesse.
Comment parler ? comment par un trouble cruel
Contrister les plaisirs d'un jour si solemnel ?

JULIE.

Je le sais, & je crains que mon refus la blesse.
Pour ce fils que je hais je connais sa tendresse.

Mad. AUBONNE.

D'un coup trop imprévu n'allons point l'accabler.
Hélas ! je n'ai rien fait que pour la consoler.

JULIE.

La nature, il est vrai, parle beaucoup en elle.

Mad. AUBONNE.

Elle peut s'aveugler.

JULIE.

Je compte sur ton zèle ;
Sur tes conseils prudens, sur ta tendre amitié.
De ce joug odieux tire-moi par pitié.

Mad. AUBONNE.

Hélas ! tout, dès long-tems, trompa mes espérances.

JULIE.

Tu gémis.

Mad. AUBONNE.

Oui, je ſuis dans de terribles tranſes...
N'importe... je le veux... je ferai mon devoir ;
Je ſerai juſte.

JULIE.

Hélas ! tu fais tout mon eſpoir.

SCENE V.

JULIE, Mad. AUBONNE, BABET.

BABET.

ALlez, votre Marquis eſt un vrai trouble-fête.

Mad. AUBONNE.

Je ne le ſais que trop.

BABET *toute eſſoufflée.*

Vous ſavez qu'on apprête
Cette longue feuillée où Charlot de ſes mains
De guirlandes de fleurs décorait les chemins ;
Il a dans cent endroits diſpoſé cent lumières
Où du nom de Henri les brillans caractères
Sont lus, à ce qu'on dit, par tous les gens ſçavans.
Ce ſpectacle admirable attirait les paſſans ;
Les filles l'entouraient ; toute notre ſequelle
Voyait le beau Charlot monté ſur une échelle,
Dans un leſte pourpoint faiſant tous ces apprêts ;
Mais Monſieur le Marquis a trouvé tout mauvais,

A voulu tout changer ; & Charlot au contraire
A dit que tout eſt bien. Le Marquis en colère
A menacé Charlot, & Charlot n'a rien dit.
Ce ſilence au Marquis a cauſé du dépit,
Il a tiré l'échelle ; il a ſu ſi bien faire,
Qu'en deſcendant vers nous Charlot eſt chu par
terre.

JULIE.

Ah ! Charlot eſt bleſſé.

BABET.

Non, il s'eſt leſtement
Relevé d'un ſeul ſaut. Il s'eſt fâché vraiment,
Il a dit de gros mots.

Mad. AUBONNE.

De cette bagatelle
Il peut naître aiſément une grande querelle.
Je crains beaucoup.

JULIE.

Je tremble.

SCENE VI.

JULIE, Mad. AUBONNE, BABET, GUILLOT.

GUILLOT *accourant.*

AH, mon Dieu! quel malheur!

JULIE.

Quoi?

Mad. AUBONNE.

Qu'eſt-il arrivé?

GUILLOT.

Notre jeune Seigneur...

JULIE.

A-t-il fait à Charlot quelque nouvelle injure?

GUILLOT.

Il ne donnera plus de ſoufflets, je vous jure,
A moins qu'il n'en revienne.

Mad. AUBONNE.

Ah, mon Dieu! que dis-tu?

GUILLOT.

Babet l'aura pu voir.

BABET.

J'ai dit ce que j'ai vu,
Pas grand'choſe.

Mad. AUBONNE.

Eh, butor! dis donc vîte, de grace,

Ce

Ce qui s'eſt pu paſſer, & tout ce qui ſe paſſe.

GUILLOT.

Hélas ! tout eſt paſſé. Le Marquis là dehors
Eſt troué d'un grand coup tout à travers du corps.

Mad. AUBONNE.

Ah, malheureuſe !

JULIE.

Hélas ! vous répandez des larmes.
Mais ce n'eſt pas Charlot, Charlot n'avait point d'armes.

GUILLOT.

On en trouve bientôt. Ce Marquis turbulent
Pourſuivait notre ami, ma foi, très-vertement.
L'autre qui ſagement ſe battait en retraite,
Déja d'un Ecuyer avait ſaiſi la brette.
Je lui criais de loin, Charlot, garde-toi bien
D'attendre Monſeigneur, il ne ménage rien;
J'ai trop à mes dépens appris à le connaître :
Va-t-en, il ne faut pas s'attaquer à ſon maître.
Mais Charlot lui diſait, Monſieur, n'approchez pas.
Il s'eſt trop approché, voilà le mal.

Mad. AUBONNE.

Hélas !
Allons le ſecourir, s'il en eſt tems encore.

SCENE VII.

Les Acteurs précédens, L'INTENDANT.

L'INTENDANT.

NOn, il n'en est plus tems.

Mad. AUBONNE.

Juste Ciel que j'implore!...

L'INTENDANT.

Il n'a pas à ce coup survécu d'un moment.
Cachons bien à sa mère un si triste accident.

Mad. AUBONNE.

Les pierres parleront, si nous osons nous taire.

L'INTENDANT.

C'est fort loin du Château que cette horrible affaire
Sous mes yeux s'est passée, & presqu'au même instant;
Pour préparer Madame à cet événement,
J'empêche, si je puis, qu'on n'entre & qu'on ne sorte;
Je fais lever les ponts, je fais fermer la porte.
Madame heureusement se retire en secret
Dans ce moment fatal au fond d'un cabinet,
Où tout ce bruit affreux ne peut se faire entendre.
Ne blessons point un cœur si sensible & si tendre;
Épargnons une mère.

JULIE.

Hélas! à quel état

Sera-t-elle réduite après cet attentat !
Je plains ſon fils... le tems l'aurait changé peut-être.

L'INTENDANT.

Il était bien méchant, mais il était mon maître.

Mad. AUBONNE.

Quelle mort ! & par qui !

L'INTENDANT.

Dans quel tems, juſte Ciel !
Dans le plus beau des jours, dans le plus ſolemnel ;
Quand le Roi vient chez nous !

JULIE.

Hélas ! ma pauvre Aubonne,
Que deviendra Charlot ?

L'INTENDANT.

Peut-être ſa perſonne
Aux mains de la Juſtice eſt livrée à préſent.

JULIE.

Ce garçon n'a rien fait qu'à ſon corps défendant.
La Juſtice eſt injuſte !

L'INTENDANT.

Ah ! les loix ſont bien dures !

BABET *à Guillot.*

Charlot ſerait pendu ?

GUILLOT.

Ce ſont des aventures
Qui font bien de la peine, & qu'on ne peut prévoir ;
On eſt gai le matin, on eſt pendu le ſoir.

BABET.

Mais le Marquis eſt-il tout-à-fait mort ?

L'INTENDANT.

Sans doute ;

Le Médecin l'a dit.

JULIE.

Plus de reſſource ?

GUILLOT *à Babet.*

Ecoute.

Il en diſait de moi l'an paſſé tout autant ;

Il croyait m'enterrer, & me voilà pourtant.

L'INTENDANT.

Non, vous dis-je, il eſt mort, il n'eſt plus d'eſpérance :

Mes enfans, au logis gardons bien le ſilence.

GUILLOT.

Je gage que ſa mère a déja tout appris.

Mad. AUBONNE.

J'en mourrai... mais allons... le deſſein en eſt pris.

(*Elle ſort.*)

BABET.

Ah ! j'entends bien du bruit & des cris chez Madame.

GUILLOT.

On n'a jamais gardé le ſilence.

JULIE.

Mon ame

D'une ſi bonne mère éprouve les douleurs ;

Courons, allons mêler mes larmes à ſes pleurs.

Fin du ſecond Acte.

ACTE III.

SCENE PREMIERE.

L'INTENDANT, BABET, GUILLOT, CHARLOT.

CHARLOT *au milieu d'une troupe de Gardes.*

J'AURAIS pu fuir ſans doute, & ne l'ai pas voulu.
Je deſire la mort, & j'y ſuis réſolu.

L'INTENDANT.

La Juſtice eſt ici. Madame la Comteſſe
Sait la mort de ſon fils, la douleur qui la preſſe
Ne lui permettra pas de recevoir le Roi.
Quel malheur !

GUILLOT.

Il devait en uſer comme moi,
Ne ſe point revancher, imiter ma ſageſſe ;
Je l'avais averti.

CHARLOT.

J'ai tort, je le confeſſe.

BABET.

Quel crime a-t-il donc fait ? Ne vaut-il pas bien mieux
Tuer quatre Marquis, qu'être tué par eux ?

GUILLOT.

Elle a toujours raiſon, c'eſt très-bien dit.

CHARLOT.

J'eſpère
Qu'on ſouffrira du-moins que je parle à ma mère :
Voudrait-on me priver de ſes derniers adieux ?

L'INTENDANT.

Elle s'eſt évadée, elle eſt loin de ces lieux.

GUILLOT.

Quoi ? ta mère eſt complice ?

BABET.

Il me met en colère ;
Quand tu voudras parler, ne dis mot pour bien faire.

CHARLOT.

Elle ne veut plus voir un fils infortuné,
Indigne de ſa mère, & bientôt condamné.
Mais que je plains, hélas ! mon auguſte maîtreſſe !
Et que je plains Julie ! Elle avait la tendreſſe
De Monſieur le Marquis ; & mes funeſtes coups
Privent l'une d'un fils, & l'autre d'un époux.
Non, je ne veux plus voir ce Château reſpectable,
Où l'on daigna m'aimer... où je fus ſi coupable...
(*A l'Intendant.*)
Vous, Monſieur, ſi jamais dans leur triſte maiſon,
Après cet attentat vous prononcez mon nom,
J'oſe vous conjurer de bien dire à Madame
Qu'elle a toujours régné juſqu'au fond de mon ame ;

Que j'aurais prodigué mon ſang pour la ſervir,
Que j'ai, pour la venger, demandé de mourir.
Daignez en dire autant à la noble Julie.
Hélas ! dans la maiſon mon enfance nourrie
Me laiſſait peu prévoir tant d'horribles malheurs.
Vous tous qui m'écoutez, pardonnez-moi mes pleurs.
Ils ne ſont pas pour moi... la ſource en eſt plus belle...
Adieu... conduiſez-moi.

L'INTENDANT.

Que cette fin cruelle,
Que ce jour malheureux doit bien ſe déplorer !

GUILLOT.

Tout pleure, je ne ſais s'il faut auſſi pleurer.
Qu'on aime ce Charlot !... Charlot plaît, quoi qu'il faſſe.
On n'en ferait pas tant pour moi.

BABET *à ceux qui emmènent Charlot.*

Meſſieurs, de grace,
Ne l'enlevez donc pas !... Suivons-le au moins des yeux.

GUILLOT.

Allons, ſuivons auſſi, car on eſt curieux.

SCENE II.

JULIE, L'INTENDANT.

JULIE.

AH! je reſpire enfin... Madame évanouie
Reprend un peu ſes ſens & ſa force affaiblie;
Ses femmes à l'envi, les miennes tour-à-tour
Rendent ſes yeux éteints à la clarté du jour.
Faut-il qu'en cet état la Nourrice fidèle
Devant la ſecourir ne ſoit point auprès d'elle?
Vainement je la cherche, on ne la trouve pas.

L'INTENDANT.

Elle éprouve elle-même un funeſte embarras;
Par une fauſſe porte elle s'eſt éclipſée.
Je prends part aux chagrins dont elle eſt oppreſſée;
Elle eſt pour ſon malheur mère du meurtrier.

JULIE.

Pourquoi nous fuir? pourquoi de nous ſe défier?
Le Roi viendra bientôt, ſon ſeul aſpect fait grace,
Son grand cœur doit la faire.

L'INTENDANT.

On peut punir l'audace
D'un Bourgeois Champénois qui tue un grand Seigneur.

L'exemple eſt dangereux après ces tems d'horreur,
Où l'Etat déchiré par nos guerres civiles
Vit tous les droits ſans force & les loix inutiles.
A peine nous ſortons de ces tems orageux.
Henri qui fait ſur nous briller des jours heureux,
Veut que la loi gouverne, & non pas qu'on la brave.

JULIE.

Non, le brave Henri ne peut punir un brave.
Je ſuis la cauſe, hélas ! de cet affreux malheur.
Ne me reprochant rien dans ma ſimple candeur.
J'ai cru qu'on n'avait point de reproche à me faire.
Ce malheureux Marquis, dans ſa ſotte colère
Se croyant tout permis, a forcé cet enfant
A tuer ſon Seigneur, & fort innocemment.
Je ſaurai recourir à la clémence auguſte,
Aux bontés de ce Roi galant autant que juſte.
Je n'avais répété ce menuet que pour lui,
Il y ſera ſenſible, il ſera mon appui.

L'INTENDANT.

Dieu le veuille !

SCENE III.

JULIE, L'INTENDANT, BABET.

BABET *accourant.*

AU ſecours! ah, mon Dieu, la misère!
Protégez-nous, Madame, en cette horrible affaire.
Les filles ont récours à vous dans la maiſon.

JULIE.

Quoi, Babet?

BABET.

C'eſt Charlot que l'on fourre en priſon.

JULIE.

O Ciel!

BABET.

Des gens tout noirs des pieds juſqu'à la tête
L'ont fait conduire, hélas! d'un air bien malhonnête.
Pour comble de malheur le Roi dans le logis
Ne viendra point, dit-on, comme il l'avait promis.
On ne danſera point, plus de fête... Ah, Madame!
Que de maux à la fois!... tout cela perce l'ame.

JULIE.

Charlot eſt en priſon!

L'INTENDANT.

Cela doit aller loin.

BABET.

Hélas de le ſauver prenez ſur vous le ſoin.
Chacun vous aidera, tout le Château vous prie :
Les morts ont toujours tort, & Charlot eſt en vie.

L'INTENDANT.

Hélas ! je doute fort qu'il y ſoit bien long-tems.

JULIE.

Madame ſort déja de ſes appartemens.
Dans quel accablement elle eſt enſevelie !

SCENE IV.

Les Acteurs précédens, LA COMTESSE *ſoutenue par deux femmes.*

LA COMTESSE.

MEs filles, laiſſez-moi, que je parle à Julie.
Dans ma chambre avec moi je ne ſaurais reſter.

L'INTENDANT *à Babet.*

Elle veut être ſeule, il faut nous écarter.

(*Ils ſortent.*)

LA COMTESSE *ſe jettant dans un fauteuil.*

O ma chère Julie ! en ma douleur profonde
Ne m'abandonnez pas... Je n'ai que vous au monde.

JULIE.

Vous m'avez tenu lieu d'une mère, & mon cœur
Répond toujours au vôtre, & ſent votre malheur.

LA COMTESSE.

Ma fille, voilà donc quel eſt votre hyménée !
Ah ! j'avais eſpéré vous rendre fortunée.

JULIE.

Je pleure votre ſort... & je ſais m'oublier.

LA COMTESSE.

Le Roi même en ces lieux devait vous marier.
Au lieu de cette fête & ſi ſainte & ſi chère,
J'ordonne de mon fils la pompe funéraire !
Ah, Julie !

JULIE.

En ce tems, en ce ſéjour de pleurs,
Comment de la maiſon faire au Roi les honneurs !

LA COMTESSE.

J'envoie auprès de lui, je l'inſtruis de ma perte.
Il plaindra les horreurs où mon ame eſt ouverte ;
Il aura des égards ; il ne mêlera pas
L'appareil des feſtins à celui du trépas.
Le Roi ne viendra point... tout a changé de face.

JULIE.

Ainſi... le meurtrier... n'aura donc point ſa grace ?...

LA COMTESSE.

Il eſt bien criminel.

JULIE.

Il s'eſt vu bien preſſé ;
A ce coup malheureux le Marquis l'a forcé.

LA COMTESSE *pleurant.*

Il devait fuir plutôt.

JULIE.

Votre fils en colère...

LA COMTESSE *se levant.*

Il devait dans mon fils respecter une mère.
Le fils de sa Nourrice, ô Ciel ! tuer mon fils !
Cette femme, après tout, dont les soins infinis
Ont conduit leur enfance, & qui tous deux les aime,
En ne paraissant point le condamne elle-même.

JULIE.

Vous aviez protégé ce jeune malheureux.

LA COMTESSE.

Je l'aimais tendrement, mon sort est plus affreux,
Son attentat plus grand.

JULIE.

Faudra-t-il qu'il périsse ?

LA COMTESSE.

Quoi ! deux morts au lieu d'une !

JULIE.

Hélas ! notre Nourrice
Fera donc la troisième !

LA COMTESSE.

Ah ! je n'en puis douter !
Elle est mère... & je sais ce qu'il doit en couter.
Hélas ! ne parlons point de vengeance & de peine ;
Ma douleur me suffit.

(*On entend du bruit.*)

JULIE.

Quelle rumeur soudaine !

Le peuple derrière le théatre.

Vive le Roi ! le Roi ! le Roi ! le Roi ! le Roi !

LA COMTESSE.

Dans l'état où je ſuis, ô Ciel ! il vient chez moi !

SCENE V.

LE COURIER *en bottes, qui était parti au premier Acte, arrive.*

JULIE.

CHarlot ſera ſauvé !

LE COURIER.

Le Duc de Bellegarde
Dans la cour à l'inſtant vient avec une garde.
Pour la ſeconde fois le peuple s'eſt mépris.

JULIE.

Le Roi ne viendra point ?

LE COURIER.

Je n'en ai rien appris.
Il eſt à la diſtance à peu près d'une lieue,
Dans un petit village avec ſa garde bleue.

JULIE.

Il viendra, j'en ſuis sûre.

SCENE VI.

LE DUC DE BELLEGARDE *arrive ſuivi de pluſieurs Domeſtiques de la maiſon. On arrange trois fauteuils.*

LA COMTESSE *allant au-devant de lui.*

Ah, Monſieur ! vous venez
Conſoler, s'il ſe peut, mes jours infortunés.

LE DUC.

Je l'eſpère, Madame ; ici le Roi m'envoie,
Je viens à vos douleurs mêler un peu de joie.
(*A Julie qui veut ſortir.*)
Mademoiſelle, il faut que je vous parle auſſi ;
Votre aimable préſence eſt néceſſaire ici.
Sur le deſtin d'un fils, Madame, & ſur le vôtre
Daignez avec bonté m'écouter l'une & l'autre.
(*Il s'aſſied entr'elles.*)
Une Madame Aubonne, accourant vers le Roi,
S'eſt jettée à ſes pieds, a parlé devant moi ;
Le Roi, vous le ſavez, ne rebute perſonne.

LA COMTESSE.

Ce Prince daigne être homme.

JULIE.

Ah ! l'ame grande & bonne !

LE DUC.

Cette femme à mon maître a dit de point en point
Ce que je vais conter... Ne vous affligez point,
Madame, & jusqu'au bout souffrez que je m'explique.
Vous aviez dans ses mains mis votre fils unique.
On le crut mort long-tems. Vous n'aviez jamais vu
Ce fils infortuné de sa mère inconnu.

LA COMTESSE.

Il est trop vrai.

LE DUC.

C'était au tems même où la guerre,
Ainsi que tout l'Etat, désolait votre terre.
Cette femme craignit vos reproches, vos pleurs,
Elle crut vous servir en trompant vos douleurs.
Et sans doute en secret elle fut trop flattée
De la fatale erreur où vous futes jettée ;
Vous demandiez ce fils, elle donna le sien.

(*Tous se lèvent.*)

LA COMTESSE.

Ah! tout mon cœur s'échappe! Ah, grand Dieu!

JULIE.

Tout le mien
Est saisi, transporté.

LA COMTESSE.

Quel bonheur!

JULIE.

Quelle joie!

LA

LA COMTESSE.

Qu'on amène mon fils, courons que je le voie...
Mais... ſerait-il bien vrai ?

LE DUC.

Rien n'eſt plus avéré.

LA COMTESSE.

Ah ! ſi j'avais rempli ce devoir ſi ſacré,
De ne pas confier au lait d'une étrangère
Le pur ſang de mon ſang, & d'être vraiment mère;
On n'aurait jamais fait cet affreux changement.

LE DUC.

Il eſt bien plus commun qu'on ne croit.

LA COMTESSE.

Cependant,
Quelle preuve avez-vous ? quel témoin ? quel indice ?

(*On s'aſſied encore.*)

LE DUC.

Le Ciel avec le Roi vous a rendu juſtice.
Votre fils réchappa, mais l'échange était fait.
Cet enfant ſuppoſé dans vos bras s'élevait.
Vos ſoins vous attachaient à cette créature,
Et l'habitude en vous paſſait pour la nature.
La Nourrice voulut diſſiper votre erreur,
Elle n'oſa jamais alarmer votre cœur,
Craignant, en diſant vrai, de paſſer pour menteuſe
Et la vérité même était trop dangereuſe.
Dans un billet ſecret avec ſoin cacheté,

Son mari, vieux Soldat, mit cette vérité.
Le billet déposé dans les mains d'un Notaire,
Produit aux yeux du Roi, découvre le mystère.
Le Soldat même à part interrogé long-tems,
Menacé de la mort, menacé des tourmens,
D'un air simple & naïf a conté l'aventure.
Son grand âge n'est pas le tems de l'imposture.
Il touche au jour fatal où l'homme ne ment plus.
Il a tout confirmé. Des témoins entendus
Sur le lieu, sur le tems, sur chaque circonstance,
Ont sous les yeux du Roi mis l'entière évidence.
On ne le trompe point, il sait sonder les cœurs,
Art difficile & grand qu'il doit à ses malheurs.
Ajouterai-je encor que j'ai vu ce jeune homme
Que pour aimable & brave en ces lieux on renomme.
De votre père, hélas! c'est le portrait vivant.
Votre père mourut, quand vous étiez enfant,
Massacré près de moi, dans l'horrible journée
Qui sera de l'Europe a jamais condamnée.
C'est lui-même, vous dis-je, oui, c'est lui : je l'ai vu;
Frappé de son aspect, j'en suis encor ému,
J'en pleure en vous parlant.

LA COMTESSE.

Vous ravissez mon ame.

JULIE.

Que je sens vos bienfaits!

LE DUC.

Agréez donc, Madame,
Que la triste Nourrice, appuyant mes récits,
Puisse ici retrouver son véritable fils.
Il était expirant, mais on espère encore
Qu'il pourra réchapper. Sa mère vous implore ;
Elle vient, la voici qui tombe à vos genoux.

SCENE VII & dernière.

Les Acteurs précédens. Mad. AUBONNE.

Mad. AUBONNE *se jettant aux pieds de la Comtesse.*

J'Ai mérité la mort.

LA COMTESSE.

C'est assez, levez-vous.
Je dois tout pardonner, puisque je suis heureuse.
Tu m'as rendu mon sang.

(*La porte s'ouvre, Charlot paraît avec tous les Domestiques.*)

CHARLOT *dans l'enfoncement.*

O destinée affreuse !

(*Avançant quelques pas.*)

Où me conduisez-vous ?

LA COMTESSE *courant à lui.*

Dans mes bras, mon cher fils.

CHARLOT.

Vous, ma mère !

LE DUC.

Oui, ſans doute.

JULIE.

O Ciel, je te bénis !

LA COMTESSE *l'embraſſant.*

Oui, reconnais ta mère, oui, c'eſt toi que j'embraſſe.

Tu ſauras tout.

JULIE.

Il eſt bien digne de ſa race.

Le peuple derrière le théatre.

Vive le Roi ! le Roi ! le Roi ! le Roi ! le Roi !

LE DUC.

Pour le coup, c'eſt lui-même. Allons tous ; c'eſt à moi

De préſenter le fils, & la mère, & Julie.

LA COMTESSE.

Je ſuccombe au bonheur dont ma peine eſt ſuivie.

CHARLOT *Marquis.*

Je ne ſais où je ſuis.

LA COMTESSE.

Rendons grace à jamais

Au Duc de Bellegarde, au grand Roi des Français.

Mon fils...

CHARLOT *Marquis.*

J'en ſerai digne.

JULIE.

Il nous fait tous renaître.

LA COMTESSE.

Allons tous nous jetter aux pieds d'un si bon Maître.

CHARLOT *Marquis*.

Henri n'est pas le seul dont j'adore la loi.

Tout le monde crie

Vive le Roi ! le Roi ! le Roi ! le Roi ! le Roi !

Fin du troisième & dernier Acte.

www.ingramcontent.com/pod-product-compliance
Lightning Source LLC
LaVergne TN
LVHW050427160826
845677LV00002BA/584

* 9 7 8 2 3 2 9 6 9 2 9 9 9 *